EN LA PRESENCIA DE AMOR

CINDY DIONISIO

Cualquier referencia a eventos históricos, personas reales o lugares reales se utiliza de manera ficticia. Otros nombres, personajes, lugares y eventos son producto de la imaginación de la autora, y cualquier semejanza con hechos, lugares o personas reales, vivas o fallecidas, es pura coincidencia. Este libro o partes del mismo no pueden ser reproducidos de ninguna forma, almacenados en un sistema de recuperación, ni transmitidos de ninguna manera ni por ningún medio—electrónico, mecánico, fotocopia, grabación u otro—sin el permiso previo por escrito del editor, salvo lo dispuesto por la ley de derechos de autor de los Estados Unidos de América.

Derechos de autor © 2026 por Cindy Dionisio.

Imagen de portada © 2026 por Cindy Dionisio.

Todos los derechos reservados.

TABLA DE CONTENIDO

OPTIMISMO 4
DESPUÉS DE TODO 5
LA JUGADA...6
CADA AMANECER 7
SENTIMIENTO 8
PENSAMIENTOS DEL POR QUÉ 9
TU AMOR...10
DÓNDE 11
NO OLVIDES 12
BUSCA..13
AMAREMOS 14
AMOR PROSPECTIVO 15
DESDÉN 16
DICHA DE AMOR 17
SAL 18
VIVIMOS EN EL CIELO 19
ETERNAMENTE 20
LAS TINIEBLAS..21
SENTÍ..22
HAY 23
1 DE MAYO 2015 24
SOMBRA 25
ACERCA DE LA AUTORA 25
LIBROS DE ESTA AUTORA 26

OPTIMISMO

La música quita toda amargura.

Encontré la felicidad, estoy segura.

El pasado escapó con la oscuridad.

Siento el corazón que destruye su vanidad.

Siempre escucha cada palpitar.

En la naturaleza siempre quiero estar.

Sigo luchando por el reconocimiento.

No es bueno mentir y luego decir…lo siento.

DESPUÉS DE TODO

Mi serenidad me brinda felicidad

Y seriamente elimina la maldad.

Podré sonreír confiando en Dios

Y escaparé de los obstáculos y líos.

Con la mirada directa y fuerte…

Caminaré; encontraré la buena suerte.

LA JUGADA

Miraste mi frágil corazón de vidrío…

Ideas tan sentimentales, tan mías.

Me encuentro perdida en tu mano.

Lo juegas mágicamente; está enredado.

Lentamente alejándote, finalmente

Usas palabras de cuchillo; instantemente

Juntos miramos gotas de sangre caer.

¿Cuándo dejarás este juego en el ayer?

CADA AMANECER

Sí son dudas, tormentas y el solo querer saber la verdad. ¿Adónde y por qué desapareció? Ninguna llamada, ningún sentimiento demostrado. Llantos míos ya se van secando como el desierto que no tiene casi ninguna gota de agua. Heridas marcadas se quedan tal vez haciéndome un poco más fuerte cada día. Un pensamiento a cada amanecer pero respuestas de confusión encuentro. Otra vez la vida me hace la mala jugada. No comprendo el porqué. Solo me queda abrazar fe en Dios para sobrevivir, para ojalá un día mirar la luz del día.

SENTIMIENTO

Corazón de piedra, un espíritu perdido.

Encontrar tu amor quisiera, instantes una vez vivido.

Te fuiste sin remordimiento y yo aquí me quedé.

Pediste tu soledad, pero confundido estás.

Encuentra tu claridad aunque perdido andarás.

PENSAMIENTOS DEL POR QUÉ

Viviendo por el ayer.

Pensando qué debo hacer.

Preguntándome de las locuras que hicimos.

Recordando las alegrías y los tormentos que vivimos y vimos.

Sintiendo tu constante frialdad, como novio y amigo.

Yo que siempre pensé compartir mi amor contigo.

Ahora, tengo que absorber este sentimiento y negarle derecho

a crecer. No entiendo que sucedió ni por qué nuestro amor no pudo ser.

TU AMOR

Vivir es amar.

Amar es felicidad.

Felicidad es tenerte a ti.

Tenerte a ti es el regalo de Dios.

El regalo de Dios es vivir para amar.

Para amar te necesito a ti.

Te necesito a ti para poder vivir.

Vivo por tu amor.

DÓNDE

Vestida de manera elegante…

Quisiera que él me mire con aquellos ojos del ayer.

Ya nada es igual…siento que todo muere y parece ser en vano.

El amor no está creciendo, más bien se va.

La pesadilla comienza de nuevo y no sé qué hacer.

NO OLVIDES

Cuando piensas que todo sale mal,

Recuerda cada instante que sentiste mi amor.

Cuando tus ojos se secan por tanto llorar,

Encuentra en mi mirada la belleza de mi alma.

Cuando las paredes te ahogan el sentido,

Ven a mí para compartir ideas de claridad.

Cuando tus manos tiemblan con frialdad del aire,

No olvides que ahí estaré para darte mi calor con amor.

BUSCA

Busca la canción que nos unió.

Cántame tus sentimientos sin temor.

Mi corazón grita tu nombre,

Solamente busca un lugar de paz.

Quiere la seguridad de tu amor.

AMAREMOS

Con cada beso resucitaremos.

Amor eterno, en nuestros ojos veremos.

Con caricias tiernas siempre volaremos.

Agarrados de las manos jamás venceremos.

Nuestras cadenas nunca romperemos.

Y con la bendición de Dios algún día nos

casaremos.

AMOR PROSPECTIVO

Regálame una sonrisa dulce cariño.

Ya en el futuro veo mi mano con tu anillo.

Tan inmenso y tierno siento tu calor.

En cada sueño vi nacer tu real amor.

Sin ningún final seguiremos;

Fuertes con pura fe entenderemos

Que el amor es la esencia de nuestras vidas.

DESDÉN

Lluvia entre mis lágrimas,

Juntos van mojándome.

Lentamente, paso a paso,

Con el corazón pensativo.

Solamente queriendo comprender,

Gritando por encontrar esa respuesta.

Mi amor, en vano, jura hacerme feliz.

Cuando al día siguiente todo se le olvida.

Con rechazo y amargura…

Sin comprender que sus palabras son cuchillos.

Su mirada tan afilada corta mi alma.

¿Cuánto podré soportar?

Sigo buscando la promesa del ayer.

DICHA DE AMOR

Salgo a contemplar la noche oscura, las estrellas brillan tan intensamente y sé que siempre durará. Lloro por tu ausencia que deja este corazón mío tan vacío. Sin tus abrazos siento frío. Tú eres mi pensamiento y tan solo un instante de soledad me hace delirar tu nombre. Sin ti no estoy conforme, busco tu rostro entre las estrellas. La agonía de tu ausencia transforma un segundo en un minuto, ese minuto se convierte en un día, ese día en una semana, la semana en un mes, ese mes en un año, y ese año en un siglo. Grito a las cuatro paredes que eres mi amor, sin ti estaría en desolación y desesperación…que melancolía. Mi vida eres tú, tan solo tú. El viento corre; siento tus manos tocarme, lentamente volteo a verte, te busco entre la neblina y me encuentro con tan solo una ilusión. Estamos tan lejos pero este amor que compartimos nos une aún más. Cariño mío, te doy gracias por esta dicha que me diste, lo valoro con todo mi ser y eso creo que tú lo podrás ver. Las noches son tan perpetuas sin ti, el silencio responde al comienzo de una nueva angustia y agonía dentro de mi corazón. Tú eres mi sueño, mi sol, el aire que respiro tan solo para mantener mi vida y sé que tú lo eres todo para mí, es así. Gracias por esta dicha de amor, amor mío.

SAL

Estoy mal, y solamente siento el dolor de su sal.

Esperando su regreso…recordando su beso

Buscando su mirada…y las ilusiones robadas.

Secretamente sintiendo sus caricias y la miel

De sus labios. Que delicia

VIVIMOS EN EL CIELO

Comprensible pero horrible…Lo siento,

Tanta frialdad sin hablar ninguna palabra.

Aquí me quedo preguntándome ¿si mis penas él sabrá?

Solo quedan los recuerdos de sus besos, sus caricias…

La memoria de los días que compartimos.

Mi amor, no borres las alegrías que una vez vivimos.

No dejes que nuestros corazones se conviertan en hielo,

Derrumbando nuestros sueños **que vivimos en el cielo.**

ETERNAMENTE

Eres mi vida entera…llena de luz que

Ilumina todo mi ser.

La inspiración de mi existir.

La naturaleza de mi vivir.

El sol que brilla eternamente por mí.

Tantísimo amor que yo te quiero dar,

eternamente, ¡sí!

LAS TINIEBLAS

Camina sobre las tinieblas del mundo.

Tus alegrías y tristezas se fundirán.

Una que otra lucha te dejará moribundo.

Las miradas de desdén te confundirán.

Durante aquel tiempo tu alma busca hospicio

Pero aún existe la luz que grita esperanza.

Confía y persigue oportunidades de auspicio.

Rompe tus cadenas, corre e avanza.

SENTÍ

Siento la ternura de tu presencia,

Luego la amargura de tu rechazo.

No entiendo tu frialdad.

Que tonta fui al pensar que tú eras mi felicidad.

Sentí la pasión de tus besos

Y de tus abrazos

Pero eran caricias falsas.

La maldad de tus palabras

Algún día las entenderás; el sentimiento sabrás

Y el amor conocerás.

HAY

Una relación es más que solo un beso

apasionado.

Hay más detrás del toque sensual de tus brazos.

Hay más aparte de esas caricias íntimas.

En una relación existe más que solo el placer.

Hay un mundo de ideas significativas, de

Pensamientos dulces.

Hay la esperanza de ser realmente importante

para alguien.

Existe el deseo de conocerse realmente.

Hay la necesidad de compartir opiniones,

Comparar pensamientos,

Pero más que eso, hay la necesidad de compartir

los sueños que tenemos.

1 DE MAYO 2015

Silencio cae encima de una mente cansada.
Quieres revelar el discurso delicado de tu lengua,
El conflicto puede destrozar tu ilusión.
Ella se sienta en la silla azul que trae nostalgia.
Pensamientos mezclan sus neuronas de aquí para allá.
Luz de luna presta una buena y poco conocida puridad.
Las lágrimas se derraman sobre sus mejillas con una sensación punzante.
Sus pulmones sueltan un suspiro pesado de angustia resonante.
Percibe una perseverancia vibrante siguiendo su camino
Pero ¿de dónde viene el veneno; por qué tiene que encontrarse con esto?
Ay querido corazón, mente, y alma entrelaza y agarra paz divina.
Maldad desaparécete entre las nubes; Miedo conviértete en polvo.

SOMBRA

Me persigues como sombra.

Siempre en la misma capilla.

Todo oscurece, solo es memoria.

Y en esta vida administradora

Encontraré mi hora y valentía.

ACERCA DE LA AUTORA

Cindy Dionisio

Soy exalumna de CSULB, donde obtuve una doble titulación en Traducción de Español y Estudios Italianos, y formé parte del coro de la Iglesia de San Mateo durante 9 años.

Desde los 15 años he sentido una inclinación y una profunda apreciación por la expresión escrita. Reflexionar, observar y analizar no solo para saber, sino para comprender verdaderamente las circunstancias, fue y sigue siendo importante para mí. Charlotte Brontë fue la primera autora que me inspiró, Laura Pausini dio vida a mi inclinación artística, y Daniel Quinn fue el segundo autor que sinceramente me abrió los ojos. La Naturaleza y la Verdad son mis razones para ser tan expresiva como soy. Sin la Naturaleza soy nada.

LIBROS DE ESTA AUTORA

CLARITY

Esta colección de poesía fue escrita durante una etapa en la que el camino comenzó a volverse confuso; había mucho que observar y cuestionar. Se necesitaba una nueva dirección. Los poemas, las canciones y la naturaleza fueron respuestas, aunque no una respuesta directa.

Hay mucho a lo que hacer referencia, cada viaje es único, pero tú ya lo sabes…

Made in the USA
Coppell, TX
11 February 2026